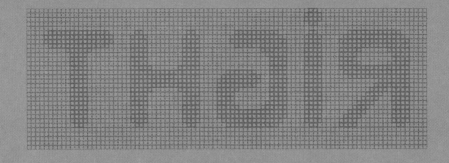

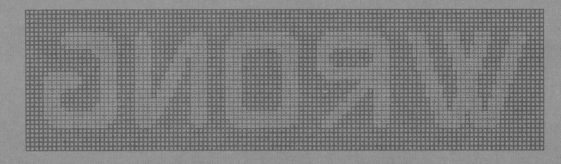

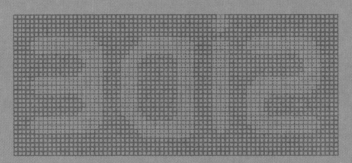

Woven threads among art, design and mass creativity

Electa

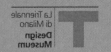

La Triennale
di Milano
Design
Museum

La Triennale
di Milano
**Design
Museum**

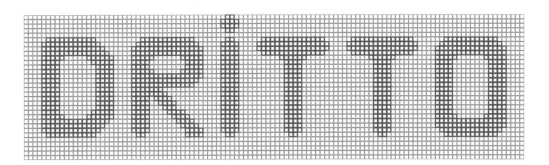

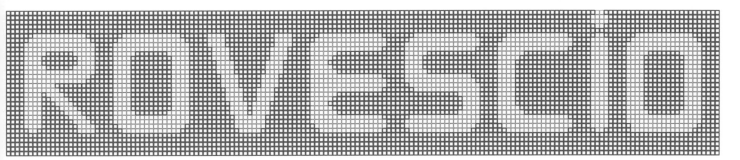

La Triennale di Milano
Design Museum

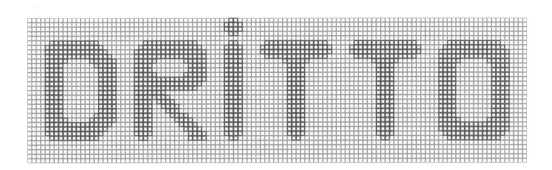

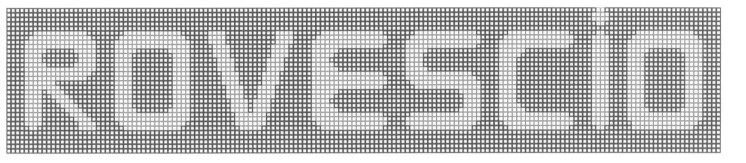

Intrecci di fili tra arte, design e creatività di massa

a cura di

Do-Knit-yourself

Electa

Dritto Rovescio

Intrecci di fili tra arte, design
e creatività di massa

Triennale Design Museum

Direttore
Silvana Annicchiarico

Curatore Scientifico
Andrea Branzi, Politecnico
di Milano

*Assistenza all'organizzazione
generale, ricerche storiche
e iconografiche*
Giorgio Galleani
Roberto Giusti

*Immagine coordinata
istituzionale*
Studio Cerri & Associati

Web designer
Cristina Chiappini

Restauratrice
Roberta Verteramo

Logistica
Giuseppe Utano

Triennale di Milano
24 febbraio - 29 marzo 2009

Coordinamento generale
Silvana Annicchiarico
con la collaborazione di
Carla Morogallo
Marilia Pederbelli

A cura di
Do-knit-yourself: Nicoletta
Morozzi, Lorenza Branzi,
Andrea Costa, Fabrizio Ribechi,
Barbara Riggio

Con la collaborazione di
Francesca Rigotti

Rapporti con gli artisti
Henrik den Ouden Runshaug

Progetto allestimento
Dante Donegani e Giovanni Lauda
con Federica Cevasco

Progetto grafico
Lorenza Branzi, Andrea Costa

*Realizzazione allestimento
e grafica*
WAY Spa Milano, Rho

Installazione luci
Marzoratimpianti snc, Novedrate
(Como)

Assicurazioni
Aviva

Trasporti
Panzironi Art Transport

Workshop e conferenze di
Andrea Costa, Henrik den Ouden
Runshaug e Lorenza Branzi
Kazuko Koike per NABA,
Nuova Accademia di Belle Arti,
Milano
Francesca Rigotti
Emily Hermant
Andrea Acquani e Giovanni De
Francesco
Magda Sayeg
Daina Taimina
Giusy e Giuliano Marelli
per Grignasco Knits
Denise Bonapace ed Eleonora Fiorani
Veruska Sabucco

Per i workshop si ringraziano
Grignasco Knits
Fidenza Village

Si ringraziano i gruppi
Stitch&bitch e i knit cafè che
hanno inviato materiale per la
realizzazione del *Family Dress*

A cura di

In collaborazione con

Media Partner

Partner tecnico
SAMSUNG

Partner fondatore
Triennale Design Museum
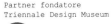 BANCA POPOLARE
DI MILANO

Partner istituzionale
della Triennale di Museum
 PIRELLI

Dritto Rovescio è una mostra inusuale: una fitta rete di significati che prendono forma sulla trama di uno scenario simbolico vastissimo, tra artigianato e arte, cultura materiale e design, filosofia e storia. Un tempo, fare a maglia era una pratica quotidiana dove il piacere si confondeva con il dovere, la realtà sfumava nell'immaginazione. Oggi, fare a maglia significa scegliere filati, disegnare forme, decidere punti: creare da sé qualcosa per sé e i propri cari. Oggi come allora, attraverso il ritmico incedere del dritto e del rovescio prende forma il concetto di lavoro manuale. Un viaggio intimo e personale alla ricerca di se stessi. Fare a maglia è un modo di pensare, di guardare alla vita e al mondo. Le donne che da ragazzo vedevo sferruzzare per ore e ore davanti al fuoco, stavano in realtà recitando una specie di rosario, armonizzando il gesto con il respiro, le braccia con le mani, il pensiero con l'azione. Fare a maglia significa percepire il tempo che scorre appeso a un filo. E nel lavoro a maglia ciascuno può trovare il filo del proprio tempo: il tempo per sé. Aveva ragione Steiner quando inseriva nei suoi programmi educativi il lavoro a maglia, al pari della falegnameria e della musica. Conosceva bene i significati profondi e attuali di quel gesto lieve e antico.

Davide Rampello
Presidente Triennale Milano

Dritto Rovescio is an unusual exhibition: a dense fabric of meanings which take form on the web of an immense symbolic scenario, between craftsmanship and art, material culture and design, philosophy and history. Once knitting was an everyday activity, in which pleasure was combined with duty, reality merged with imagination. Today knitting means choosing yarns, designing forms, settling on stitches: creating something for oneself alone and for one's loved ones. Today as then, the rhythmic progression of one plain one purl gives shape to the concept of manual work. An intimate and personal journey in quest of ourselves. Doing knitting is a way of thinking, of looking at life and the world. The women I saw knitting before the fire for hours and hours when I was a boy were in reality reciting a kind of rosary, harmonizing the gesture with their breath, their arms with their hands, thought with action. Doing knitting means perceiving time passing as suspended from a thread. And in knitting each of us can find the thread of our own time: time for oneself. Steiner was right when he introduced knitting into his educational program, together with carpentry and music. He well knew the deep significance and relevance of that light and ancient gesture.

Davide Rampello
President of the Milan Triennale

Sommario

Contents

Tramate tramate, le streghe son tornate

The witches wove the web of fate

Se c'è un aspetto affascinante nell'antica arte dello sferruzzare è che in essa, e nel gesto primario del lavorare a maglia, la sapienza artigianale della manualità si fonde con la forma basica della serialità. Fare la maglia significa saper attorcigliare il filo in un certo nodo, stringerlo in un punto e ripetere il gesto in modo seriale, salvo poi interrompere la serie con una variante e quindi tornare alla riproduzione multipla dell'identico.

Bisogna saper applicare uno schema. Bisogna saperlo trasformare da astratto in concreto. Bisogna riuscire a connettere diversi fili in una trama, e metterli in relazione e generare una forma.

Bisogna saper trovare, tra le tante forme possibili, quella più adatta a una certa funzione. Nella sua stupefacente e complessa semplicità, il gesto elementare della *tricoteuse* è molto più che una metafora: è, a suo modo, il paradigma della creatività umana e, insieme, il modello basico di un modo di produzione che unisce artigianato e design, sensibilità estetica e tecnologia, tradizione e modernità. Per questo, la scelta del Triennale Design Museum di produrre una mostra sulle mille sfaccettature dell'intreccio tessile nella società contemporanea non vuole essere solo un doveroso riconoscimento di una tipologia

If there is a fascinating side to the ancient art of knitting it is that in it, and in the primary gesture of knitting, the craft skill of dexterity is fused with the basic form of seriality. Knitting means being able to interlace the yarn into a certain kind of knot, pull it tight into a stitch and then repeating the gesture serially, only interrupting the series with a variant and then returning to the multiple reproduction of the identical stitch.

It involves being able to apply a pattern, transforming it from the abstract to the concrete. One has to be able to unite different threads in a pattern, and relate them and so generate a form. One has to be able to find, among the many possible forms, the one best suited to a certain function.

In its astonishing and complex simplicity, the elementary gesture of the *tricoteuse* is much more than a metaphor: it is, in its way, the paradigm of human creativity and, at the same time, the basic model of a mode of production that unites craft skills and design, aesthetic sensibility and technology, tradition and modernity. For this reason, the Triennale Design Museum's decision to organize an exhibition on the endless different facets of knitting in contemporary society is not intended just to accord rightful recognition to a genre of

di manufatti troppo spesso relegata, a torto, fra le arti minori, ma intende anche aprire una riflessione sul tipo di modello creativo, produttivo e relazionale che il gesto dello sferruzzare offre al crescente disorientamento del mondo contemporaneo.

Come per una sorta di paradosso, lo sferruzzare unisce separando: è solo lasciando dei buchi tra gli intrecci dei fili che la maglia si definisce e si compone, è solo aprendo degli impercettibili vuoti che lo schema si riempie e si articola. Geniale pratica di coincidenza degli opposti, il lavoro a maglia ha conosciuto l'appassionata adesione di un grande numero di uomini e di donne che per mesi si sono ritrovati nel DesignCafé della Triennale o nello spazio del Teatro Agorà del Triennale Design Museum per mettere in pratica il loro do-knit-yourself e per allacciare – in ogni senso – nuove relazioni. La mostra "Dritto Rovescio" nasce anche dal loro lavoro, e dal tam-tam emesso dai tanti luoghi del mondo in cui, nell'era della Rete, il mettere in rete/maglia/trama semplici fili torna a essere un'attività che più di tante altre esalta la sapienza delle mani, la precisione dell'occhio e la chiarezza del pensiero.

Silvana Annicchiarico

artefacts all too often wrongly classified as one of the "minor arts." It also seeks to open up discussion about the model of creativity, production and relationships that the gesture of knitting offers to the increasing disorientation of the contemporary world.

As if by a sort of paradox, knitting unites by separating: it is only by leaving some holes between the loops of the threads that knitting is defined and composed. It is only by opening imperceptible voids that the pattern is filled and articulated. An inspired practice of the convergence of opposites, knitting has received the passionate adherence of a large number of men and women who for months met in the Triennale's DesignCafé or in the space of the Teatro Agorà of the Triennale Design Museum to practice their do-knit-yourself and to weave—in every sense—new relationships. The exhibition "Dritto e rovescio" also grew out of their work and spread by word of mouth from the many places around the world where, in the age of the Web, spreading information across the net/loop/fabric is again an activity that, more than many others, enhances the skill of the hands, precision of the eye and clarity of thought.

Silvana Annicchiarico

Riprendere il filo

Se al prossimo giro toccasse a me
di creare l'universo, il primo giorno
farei un filo, il secondo gli darei
i colori, il terzo lo intreccerei,
il quarto mi metterei a ricamare
e a fare la maglia. Dimenticavo,
in una mezza giornata delle prime tre,
accenderei la luce.
Una volta che ci sono filo e tessuto,
non è un gran problema occuparsi di
fare gli uomini e tutto il resto.
Ma non credo che mi toccherà,
e comunque non importa, perché ormai
i fili esistono e le tele anche, quindi
siamo già nell'era dal quarto giorno
in poi. E non siamo soli. Una quantità
enorme di persone nel mondo lavora con
il filo e il tessuto, e tutti gli altri,
nessuno escluso, li utilizzano.
Un elemento della vita così presente,
a coprire il corpo, a decorare le case,
a fare ombra nei giardini, ha da sempre
stentato a entrare nel circolo delle
arti nobili; se un'opera d'arte è
realizzata con il filo e il tessuto
ha sempre avuto l'etichetta di
artigianato, o quanto meno di arte
tessile, come dire non proprio arte
vera, ma una riduzione un po' casalinga
e di più basso rango.
Ma la mostra non vuole aprire una
discussione su arte e artigianato.
Molto più interessante è il fatto
che oggi non solo gli artisti si
riappropriano del filo come mezzo di
espressione: una grande quantità
di persone sta scoprendo o riscoprendo
il piacere di lavorare a maglia,
ricamare e tessere. Ci si trova nei
bar, nelle librerie, a casa o in ufficio
a lavorare insieme, si confrontano
i lavori, si parla della propria vita

Picking up the thread

If the next time round it was
my turn to create the universe,
the first day I'd make a piece
of yarn, the second I'd give it
color, on the third I'd weave it
and on the fourth I'd start doing
embroidery and knitting. I was
forgetting: in half a day of the
first three I'd turn on the light.
Once there are threads and fabric,
there's no great difficulty in
making people and all the rest.
But I don't really believe
I'll be given the job, and anyway
it hardly matters, because now
threads exist and looms as well,
so we're already in the era of
the fourth day on. And we're not
alone. Large numbers of people
around the world work with yarns
and fabrics and everyone else
without exception wears them.
A component of our lives that
is so widespread—being used to
cover the body, decorate homes
and create shade in gardens—has
always struggled to make itself
accepted in the circle of the
noble arts. If a work of art
is made using yarn and fabric
it has always been labeled
craftsmanship, or at least textile
art, meaning not a true art,
but a rather domestic reduction
and lower in rank.
But this exhibition is not
intended to open a discussion
about art and craftsmanship.
Far more interesting is the fact
that today artists are not alone
in turning to thread as a means
of expression. Large numbers

o dei saldi o di filosofia; si ascolta
musica o qualcuno che legge racconti
o poesie.
Si tratta di una passione, di una
esigenza diffusa provocata dalla
necessità di riprendere il filo,
di ripartire da una dimensione
lineare per costruire oggetti a tre
dimensioni, senza farsi domande sul
fatto che la calzetta sia da femmina
e che sia sinonimo di soggezione,
di ritorno al canto del fuoco.
Ne è una prova il fatto che il mezzo
che maggiormente sostiene questa
nuova e antica passione è internet:
un numero impressionante di blog
e gruppi che quotidianamente si
aggiornano mostrando a che punto si
è arrivati con la confezione di una
calza o di un berretto; richieste di
aiuto per una calatura o un aumento
che non vuole riuscire; segnalazioni
di siti con le spiegazioni dei punti
o i più strani tipi di ferri e filati.
Video su YouTube, podcast di punti,
eventi, installazioni.
La mostra "Dritto Rovescio" è nata
da questa atmosfera: un intreccio tra
arte e creatività di massa, accolto
negli spazi della Triennale di
Milano, diventata nei mesi precedenti
l'apertura luogo di incontro e di
lavoro di un nutrito numero di
persone sotto la guida paziente ed
esperta di Giusy e Giuliano Marelli.
Una mostra fuori dalla norma, con
opere di artisti internazionali
al fianco di oggetti di design
ispirati al concetto dell'intreccio
e di lavori di appassionati/e,
piccoli pezzi di ogni colore e
forma con cui è stato realizzato il

of people are discovering or
rediscovering the pleasure
of knitting, embroidering and
weaving. They gather in cafés,
bookstores, homes or offices and
work together. They compare their
work and talk about their lives
or bargain-hunting or philosophy.
They listen to music or someone
reading stories or poetry.
It's a passion, a widespread urge
triggered by the yearning to pick
up the thread and start again from
a logical dimension to build
three-dimensional objects,
without worrying about the fact
that knitting is for women and
synonymous with subjection, a
return to the song of the hearth.
This is shown by the fact that
the medium that does most to boost
this new and ancient passion
is the Web. An impressive number
of blogs and groups updated daily
to report on progress in knitting
a stocking or a beanie; requests
for help with difficulties over
casting off or on; reports
of sites with the explanations
of technical stitches or a
bewildering profusion of needles
and yarn. There are videos on
YouTube and podcasts of stitches,
events and installations. This is
an unusual exhibition, with works
by international artists together
with designer objects inspired
by the concept of weaving and
works by amateurs, both men
and women, small pieces of all
colors and forms used to create
the emblem of Do-knit-yourself:

lavoro simbolo di Do-knit-yourself:
il *Family Dress*, abito indossabile
da due dozzine di persone.
Una mostra con curatori che si
riconoscono come parte integrante
dei lavori esposti, con attenzione
alla qualità dei messaggi espressi
dalle opere e delle tecniche di
realizzazione, ma senza un approccio
propriamente critico.
Senza la pretesa di insegnare
qualcosa, ma di dare il via ad altri
per capire meglio insieme cosa stiamo
facendo, e dove si fermano
o si muovono il nostro pensiero
e le nostre mani.

Nicoletta Morozzi

the *Family Dress*, a garment which
can be worn by two dozen people.
The exhibition "Dritto Rovescio"
grew out of this atmosphere:
an interlacing of art and mass
creativity, presented on the
premises of the Milan Triennale,
which in the months before the
opening was filled with large
numbers of people who met and
worked under the patient and
expert guidance of Giusy and
Giuliano Marelli.
An exhibition with curators who
see themselves as an integral part
of the works on display, with
a concern for the quality
of the messages embodied in the
works and the techniques by which
they are made, but without
a strictly critical approach.
Without any pretensions
to teaching anything, but merely
seeking to show the way to others,
enabling them to understand more
clearly what we are doing
together, and where our thoughts
and our hands pause or move.

Nicoletta Morozzi

Per "Dritto Rovescio"

In principio era il filo.
Filo = *mítos* o *sperma*, in greco
antico. *Mítos* come filo, dove *mythos*
invece è la parola. Il filo della
vita. Il filo dei pensieri e il filo
della storia. Il filo della memoria
e il filo del ragionamento. Trovare
il filo, seguire il filo, perdere il
filo. Fare il filo alle ragazze.
La nostra vita è appesa a un filo.
Il filo di lino è la linea (latino
linea) e la linea è la traccia
della scrittura (on-line) e
dall'intreccio di linee nascono
la tela (web) e la rete (net).
Nella descrizione del computer
sono entrati aspetti di attività
antiche, filare e tessere; vi si
condensa l'esperienza del pensiero
creatore e creativo, dell'azione
nei suoi aspetti produttivi ma
anche distruttivi. Tagliare il filo,
spezzarlo. Lacerare la tela.
C'è un filo che esce dalla ghiandola
dell'addome del ragno (l'"aragna",
diceva Petrarca, e aveva ragione,
perché il ragno è un animale
femminile) e produce reti e tele
bellissime, ma aeree, effimere,
inconsistenti. Il filo di bava
trasparente che esce dal ventre
dell'animale è esile e fragile
e poco adatto a rappresentare
la stabilità e la consistenza
del testo/tessuto. Più adeguata,
invece, la produzione del filo
a mano e poi la lavorazione
dei fili intrecciati in vari modi:
al telaio, all'uncinetto, ai ferri,
a rappresentare attività creative
in tutti i loro aspetti positivi,
come dimostrano le innumerevoli

For "Dritto Rovescio"

**In the beginning was the
thread.** Thread = *mitos* or
sperma, in ancient Greek. *Mitos*
meaning thread, while *mythos* means
speech. The staple of life. The
thread of thoughts and the thread
of history. The thread of memory
and the thread of reasoning. To
find the thread, to follow the
thread, to lose the thread. Life
hangs by a thread.
A thread of linen is a line (Latin
linea) and the line is the trace
of writing ("on-line") and from
the interweaving of lines we get
cloth ("the web") and the net.
Aspects of ancient activities have
entered the words we apply to the
computer: spinning and weaving.
The experience of thought, creator
and creative, is condensed into
it, its action in both its
productive and destructive
aspects. To cut the thread
or snap it. To tear the web.
A thread emerges from the gland
in the abdomen of a spider
(the "she-spider," wrote Petrarch,
and he was right, because the
spider is a female creature) and
produces beautiful webs and
fabrics, but airy, ephemeral,
tenuous. The transparent thread of
gossamer that emerges from the gut
of the animal is slender and
fragile and hardly well-suited to
represent the stability and
consistency of the text/textile.
Better suited is the spinning of
thread by hand and then the
weaving of the threads in various
ways—on a loom, by crocheting,

citazioni dai poemi omerici, dalle
ballate medievali, dalle favole dei
fratelli Grimm, tutte traboccanti
di fili reali e metaforici, fili
di lana e di lino, fili di destino
e di pensiero.
Il filare e l'intrecciare fili può
anche diventare minaccioso, se
cade nelle mani delle Parche, come
nel mito di Er il Panfilio nella
Repubblica di Platone, o nelle mani
delle fate cattive come nella *Bella
addormentata nel bosco*, di Charles
Perrault. Nella fiaba, il fuso
col quale si punge la principessa
è foriero di sonno e di morte.
Nel mito platonico, è l'intero
universo a essere paragonato a
un enorme fuso che gira sulle
ginocchia della Necessità (Ananke)
e al quale sono legati i destini di
tutti i mortali. Intorno al fuso
della Necessità siedono le sue tre
figlie, le Moire o Parche, vestite
di bianco e con bianche fasce nei
capelli: Cloto, Lachesi e Atropo,
che accordano la loro melodia al
canto delle sirene. Le tre Moire
o parti (questo vuol dire "moira")
del tempo addolciscono la dura
forza della necessità determinando
le tre dimensioni del tempo:
Lachesi, cui spetta il passato,
assegna a ogni anima il proprio
destino; Cloto, responsabile
del presente, sancisce tale sorte;
Atropo, cui compete il futuro,
rende immutabile "la trama filata"
(*Rep*. X, 620e).
Nonostante l'aspetto in parte
minaccioso del filo, il filare
stesso, sia dal ventre dell'animale

with needles—which represent
creative activities in all their
positive aspects, as shown by
the innumerable allusions to them
in the Homeric poems, medieval
ballads and the stories by the
brothers Grimm, all of which
overflow with real and metaphorical
threads, of wool and linen,
of destiny and thought. Spinning
and weaving thread can even become
threatening, when they are in the
hands of the Parcae or Fates, as
in the myth of Er the Pamphylian
in Plato's *Republic*, or in the
hands of wicked fairies as in
Perrault's *Sleeping Beauty,* where
the spindle with which the
princess pricks her finger presages
sleep and death. In the Platonic
myth, it is the whole universe
that is compared to an enormous
spindle which turns on the knees
of Necessity (Ananke) and to which
the destinies of all mortals are
bound. Around Necessity sit her
three daughters, the Moirae or
Parcae, in white robes and with
white bands in their hair: Clotho,
Lachesis and Atropos, tuning their
melody to the sirens' song.
The three Moirae or "parts"
(the literal meaning of Moira)
of time sweetened the harsh power
of Necessity by determining the
three dimensions of time:
Lachesis, responsible for the
past, assigned a destiny to each
soul; Clotho, responsible for
the present, sanctioned this lot;
Atropos, responsible for the
future, made "the thread spun"

sia dalle mani e dalla testa degli
esseri umani, rimanda sempre
e comunque a esperienze creative.
L'immagine è onnipresente,
dall'Antico Testamento all'*Iliade*
e all'*Odissea*, come alla moderna
epoca dei computer. La sua presenza
costante ha diverse ragioni.
Dapprima l'osservazione dei
ragni, che ha sempre sollecitato
la fantasia. E poi la pratica
manuale del filare a mano, dall'età
della pietra fino agli inizi del
Novecento, indispensabile per
produrre abiti e stoffe di vario
genere, e importante occasione
– da non dimenticare nella
dimensione di questa mostra/
laboratorio – di incontri
e rapporti sociali. Testimonianze
del significato del filare
e del tessere non hanno dato luogo
soltanto a innumerevoli modi
di dire e proverbi ma anche
a infinite rappresentazioni
letterarie e artistiche.
Considerati la costanza e il
senso dell'esperienza del filare
e dell'intrecciar fili, non ci si
deve stupire del fatto che anche
il pensiero filosofico ne abbia
tratto ispirazione per cercare di
comprendere ed esprimere l'attività
creatrice e creativa del riflettere
e del filosofare: anzi, tutta
l'attività del pensiero creatore
potrebbe essere definita come
attività di filare e intrecciare:
afferrare fili di pensiero e bandoli
della matassa di idee altrui, filare
da sé fili autonomi e con tutti
tessere e annodare e intrecciare

immutable (*Rep.* X, 620e).
Despite the rather threatening
appearance of the thread,
spinning, whether by the abdomen
of an animal or the hands and head
of human beings, always relates
to creative experiences. The image
is omnipresent, from the Old
Testament to the *Iliad* and to the
Odyssey and the modern computer
age. Its constant presence has
different causes. First the
observation of spiders, which has
always stimulated the imagination.
And then the practice of spinning
by hand, from the Stone Age down
to the beginning of the 20th
century, indispensable to produce
clothing and materials of various
kinds and for important occasions
(which should not be overlooked
in this exhibition/workshop), such
as meetings and social events.
The significance of spinning and
weaving appears not only in
innumerable turns of phrase and
proverbs but also the endless
literary and artistic depictions
of them. Considering the constancy
and the sense of the experience of
spinning and weaving yarn, it
should hardly be surprising that
philosophical thought has also
drawn inspiration from it in the
quest to comprehend and express
the creational and creative
activity of reflecting and
philosophizing. In fact the whole
activity of creative thought can
be described as forms of spinning
and weaving: grasping threads of
thought and the loose ends of

una nuova e originale rete di riflessioni. La storia del pensiero creatore e dell'attività creatrice inizia non a caso col mito di Aracne narrato nelle *Metamorfosi* di Ovidio. Aracne era una fanciulla proveniente dalla Lidia, regione dell'Asia Minore, che osò sfidare nell'arte della tessitura nientemeno che la dea Atena, potente, vergine, protettrice dell'ulivo e dell'arte nautica, così come delle arti della cucina, della filatura e della tessitura. Fu una lotta per il potere tra dei immortali e uomini mortali, la gara tra Aracne e Atena, che vide vincitrice la ragazza, trasformata dall'ira della dea, incapace di sopportare la sconfitta, in ragno. Così Aracne potè continuare a filare, perpetrando la storia da lei iniziata del pensiero creativo inteso come produzione e manipolazione di fili. Anche il mito del labirinto, il più antico di tutti i miti greci, è collegato, annodato potremmo dire, a un filo, che altro non è che il filo del *logos*, cioè della ragione, nel parlare, nel pensare, nell'essere. Giorgio Colli, il grande interprete della sapienza greca, vide, nel filo offerto da Arianna a Teseo e che costituisce la soluzione per uscire dal labirinto, la prima formulazione del *logos*.

Arianna (Ariadne) offre a Teseo il principio teorico, il simbolo della salvezza dell'uomo attraverso la ragione, il filo del *logos,* e poi

others, skeins, spinning independent threads out of oneself and using them all to weave and interweave a new and original fabric of reflections.
It is significant that the history of creative thought and creative activity begins with the myth of Arachne recounted in the Ovid's *Metamorphoses*. Arachne was a maiden from Lydia, a region of Asia Minor, who dared to challenge the goddess Athena herself to a contest in the art of weaving. Athena was powerful, a virgin, patroness of the olive and the art of seafaring, as well as the arts of the kitchen, spinning and weaving. The contest was a struggle for power between immortals and mortals, in which the maiden triumphed but was transformed into a spider by the goddess, enraged at being defeated. In this way Arachne was able to go on spinning, continuing the story she had begun, of creative thought understood as the production and manipulation of threads. Also the myth of the labyrinth, the most ancient of all Greek myths, is connected, tied we might say, to a thread, which is no other than the thread of the *logos*, meaning of reason, in speaking, thinking and being. Giorgio Colli, the great interpreter of Greek wisdom, saw the thread which Ariadne gave Theseus, enabling him to find his way out of the maze, as the first formulation of the *logos*. Ariadne

viene abbandonata (anzi piantata
in asso/in Nasso) dall'eroe,
che si assume i meriti dell'impresa
pretendendo da quel momento in poi
l'esclusiva della razionalità
per sé e per gli altri maschi
e negandola alle donne. Ma questa
è un'altra storia o forse no,
considerando la preponderante
presenza femminile nella storia
della creatività, legata a tre
personaggi dai nomi così simili:
Ananke, Aracne, Ariadne. Come se
le tre figure volessero unire le
proprie forze per ribadire di
fronte agli uomini il medesimo
principio: noi pure siamo creative,
di figli e di idee siamo creative,
non crediate di poterci relegare
nel regno della riproduzione per
tenervi quello della produzione,
non arrogatevi il monopolio della
creatività astratta, di idee e
pensieri, non pensate che esso sia
addirittura superiore alla nostra
creatività che è duplice, perché
è di carne e di sangue ed è di
pensieri e di idee.
Torniamo al filo, filo della
creatività e della mobilità, agile
e flessibile, duttile, malleabile,
morbido, aereo e libero, non
costretto ancora nella cornice
rigida del telaio, della cimosa
o in ogni caso della forma
obbligata: come non vedere la
sua utilizzabilità ancora oggi,
soprattutto oggi, quando rigidi
e congelati modelli di pensiero e
di azione incontrano potenti limiti
e sembrano giunti ai loro confini,
in ecologia, economia, tecnica,

gave Theseus the theoretical
principle, the symbol of the
salvation of man through reason,
the thread of the *logos* and then
she was abandoned by the hero,
who took all the merit of the
enterprise. In this way he claimed
from that time on the exclusive
right of rationality for himself
and other men while denying it to
women. But that's another story—or
perhaps not, considering the
predominant female presence in the
history of creativity, bound up
with three people with names that
are so similar: Ananke, Arachne,
Ariadne. As if the three figures
wished to unite their forces to
affirm the same principle before
men: we too are creative, we are
creative of children and ideas.
You cannot banish us to the realm
of reproduction and keep that
of production for yourselves. Do
not arrogate to yourselves the
monopoly of abstract creativity,
ideas and thoughts. Never believe
it is actually superior to our
creativity which is twofold,
of flesh and blood and of thoughts
and ideas. We can now take up our
thread again, the thread of
creativity and mobility: agile and
flexible, ductile, malleable, soft,
airy and free, not yet forced into
the rigid frame of the loom, the
selvage or a fixed form. How can
we fail to see its utility even
today, when rigid and above all
frozen models of thought and
action encounter powerful limits
and seem to have reached their

cultura, scienza, società e persino
nella vita privata? Si pensi al
"metodo scientifico", per esempio,
modello di pensiero meraviglioso
e liberatore quando fu concepito
(creato) da Galilei, ma divenuto
oggi, nella versione standard,
per lo più una gabbia oppressiva,
ripetitiva e soffocante per il
talento individuale. Ci aiuterà
forse il filo a vincere la sfida
di un pensiero creativo libero e
fluttuante, per un'azione dinamica,
morbida, agile e colorata,
da svolgere come il filo di una
matassa per comporre, in astratto
e in concreto, opere come quelle
presentate, pronte e confezionate
o da creare al momento, in questa
mostra/laboratorio?
Dritto, rovescio. Infilare l'ago
nella maglia, fare girare intorno
il filo, passare sotto, tirare,
ricominciare, dritto, rovescio.
Mettere insieme col filo un tessuto/
testo composto di righe elastiche
(a differenza della stoffa più
rigida tessuta a telaio), righe
di punti fatti da un filo di
lunghezza indefinita con l'aiuto
di uno o più aghi. Questo è far
la maglia - maglia da *macula*,
macchia, ma anche buco, foro
- maglia come insieme di punti
dunque, piccoli fori, buchetti:
far la maglia è lavorare il filo
con un ago, nelle più antiche
testimonianze note, intorno al
secolo settimo dell'era volgare,
fino ai due o quattro o perfino
cinque aghi del Medio Evo che
rendevano possibile la produzione

boundaries, in ecology, economy,
technology, culture, science,
society and even private life?
Think of the "scientific method,"
for example, a model of wonderful
and liberating thought when it was
conceived (created) by Galileo,
but today, in the standard
version, become for the most part
an oppressive cage, repetitious
and suffocating for individual
talents. Will the thread help us
win the challenge of free and
fluctuating creative thought, for
dynamic action, soft, agile and
colored, to be conducted like the
thread of a tangled skein to
compose, in the abstract and
the concrete, works like those
presented, ready made or to be
created on the instant, in this
exhibition/workshop? Plain and
purl. Insert the needle in the
stitch, loop the yarn around it,
pass it underneath, pull, begin
again, plain and purl. Using yarn
to create a fabric/text composed
of elastic lines, rows of stitches
made with a yarn of indefinite
length and with the use of one or
more needles.
This is knitting
or *maglia*, from macula, meaning
stain but also hole, loop-knitting
as a series of stitches, hence
small holes. To knit is to work
yarn with one needle, in the most
ancient known evidence, from
around the 7th century CE, or two
or four or even five needles in the
Middle Ages, which made possible
the production of more complex

di lavori più complessi per
realizzare schemi e modelli
elaborati: non sarà un caso che
sia "modello" sia "schema" siano
espressioni che vengono dal
mondo dei filati e dei tessuti,
in particolare "schema", che è
progetto e rappresentazione per il
nostro linguaggio astratto,
ma era figura e abito nel linguaggio
concreto dei nostri antenati,
disegno di abbigliamento e insieme
stile intellettuale. Ancora una
conferma dell'idea che il filare
e il tessere sono l'analogo del
lavoro del pensiero che crea la
propria immagine al di fuori di
sé e si trasforma nel suo stesso
abito nel quale si veste e si
definisce insieme, come i molti
pensieri possono lavorare insieme
per intrecciare un unico grande
abito, un *Family Dress* di fili
e di pensieri che non sarebbe
dispiaciuto a Ludwig Wittgenstein.

Francesca Rigotti

works for elaborate patterns and
models. It is not an accident
that both the terms "model"
and "scheme" come from the
world of spinning and weaving,
especially "scheme," which means
a pattern or representation in our
more abstract language, but was
figure and clothing in the concrete
language of our ancestors, the
designs of garments and also
intellectual style. A further
confirmation of the idea that
spinning and weaving are analogous
to the work of thought, which
creates its own image outside
itself and is transformed into
the garment in which it clothes
and at the same time defines
itself, like the many thoughts
that can work together to weave
a sole large garment, the *Family
Dress* of threads and thoughts
that would have appealed
to Ludwig Wittgenstein.

Francesca Rigotti

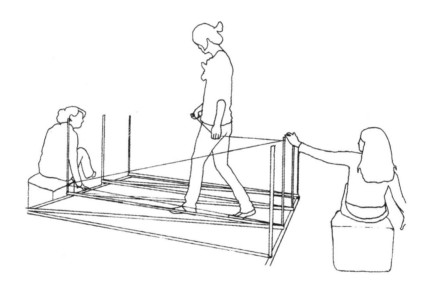

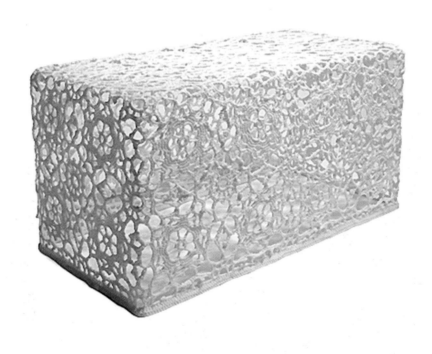

industrɘɘl
panier percé

Le pot aux roses
design & decor Vautrin & Delvigne

UN PANIER PERÇÉ + DE LA LAINE + UNE AIGUILLE + DES IDÉES

LE POT AUX ROSES

EDEN

JACQUARD 2

RATATOUILLE

TRONCHE DE PIXEL

PANIER PERCÉ

www.industreal.it

microRevolt presents KNITta SCOPE

ALEXI TOM

MARIEKE EYSKOOT

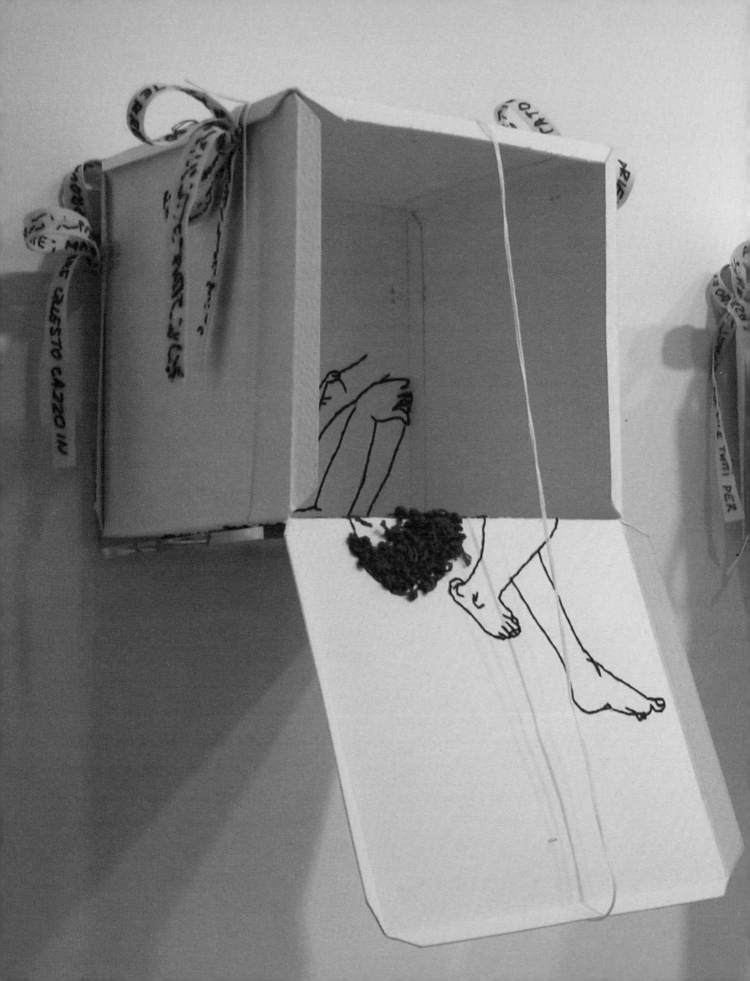

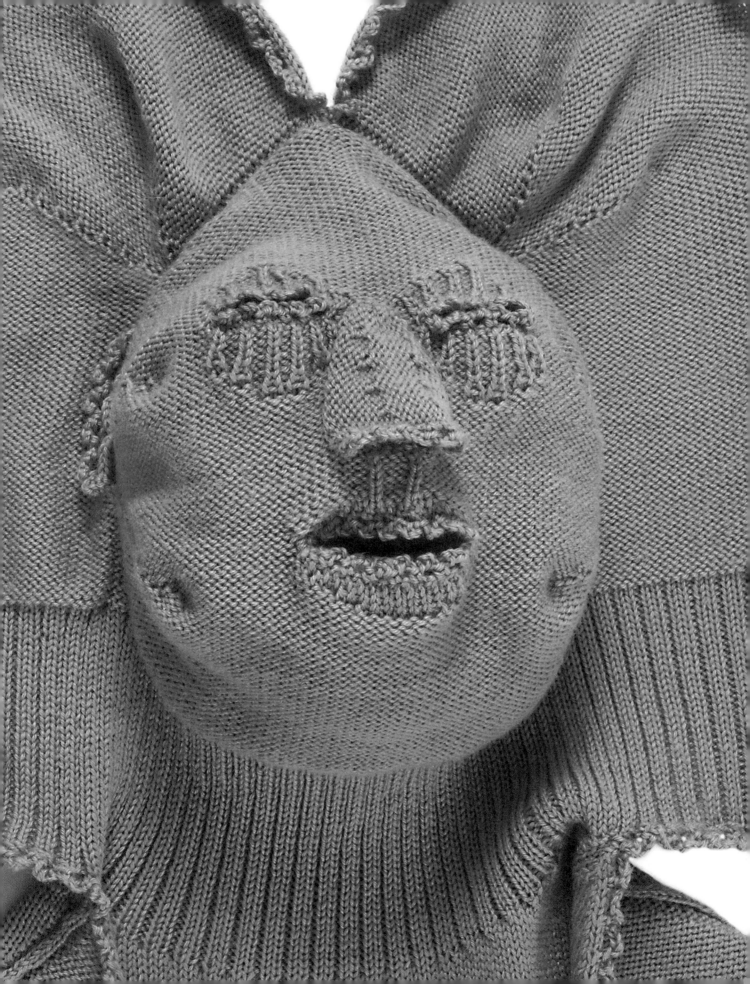

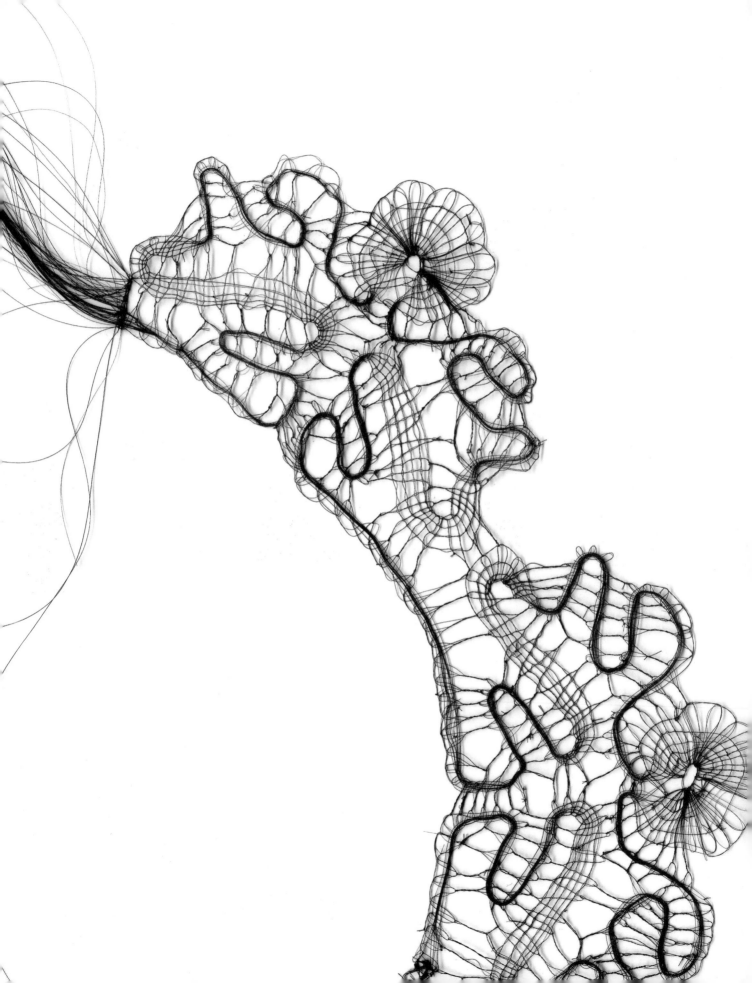

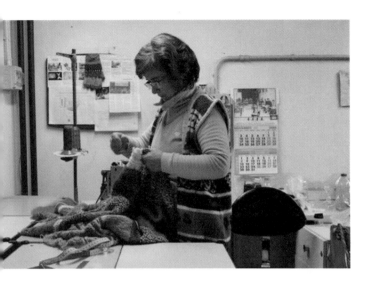

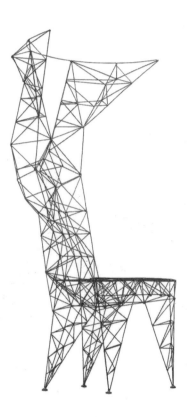

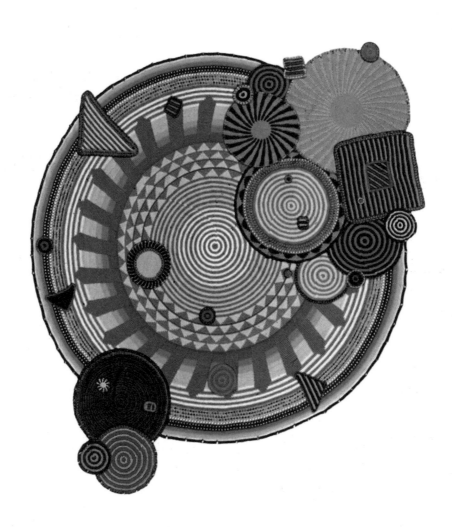

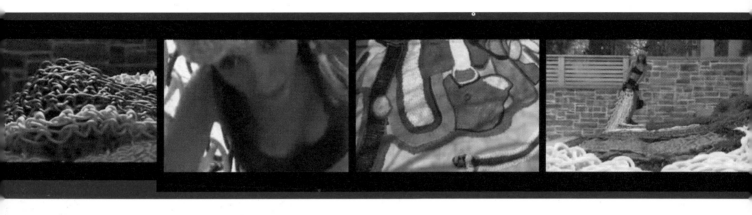

KNOCKOFF LOGOS

www.counterfeitcrochet.org

A WORD ON MAKING:

The following instructions assume a basic knowledge of CROCHET and a healthy sense of experimentation on the maker's part.

I encourage makers to "freeform" it on every counterfeit object, and be inventive on how to interpret the textures and parts. However, it can also be helpful and fun to see basic tactics of previously bootlegged items.

I found it useful to rummage around a few crochet books to choose from basic stitch patterns, and got inspiration from a few vintage 70s ones as well. There are great online tutorials on how to crochet, and it's a fast and fun way to build up shapes.

I'm hoping that folks try out their own techniques and ideas in making their bags. These patterns are merely a launching point to help you get your creative counterfeiting juices flowing!

—Stephanie S.
organizer

GETTING THE GUCCI LOOK

Add some style and serious class to your life by imitating the Gucci logo pattern in all its brown and tan glory! Don't forget to throw in a signature band of red and green somewhere in there to top it off...

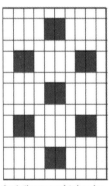

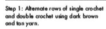

Step 1: Alternate rows of single crochet and double crochet using dark brown and tan yarn.

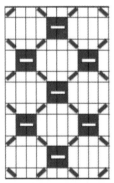

Step 2: Embroider yarn details on top.

LOGO CHEAT SHEET

→

TOTAL FENDI-FICATION

Don't let the repeating logo scare you! Try your hand at the Fendi pattern and create an ultimate status symbol...

Fendi six-stitch high logo pattern

Fendi five-stitch high logo pattern

MAKE IT CHANEL, BABY!

Definitely a bootlegging project for the more experienced crocheter, this Chanel logo pattern will get you living large in a flash.

Or consult the flyer "How to Bootleg a Chanel" for a more detailed logo treatment!

For an easier interlocking "CC" logo, you can do a simple chainstitch embroidery technique on a plain background.

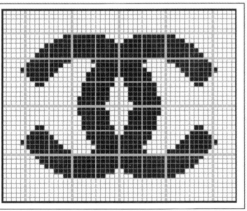

Begun in 2006, the Counterfeit Crochet Project has amassed an international array of collaborators, and takes pride in defiling and debasing designer objects one step at a time. More tips, tricks, and information can be found on the website www.counterfeitcrochet.org. This flyer is FREE for distribution.

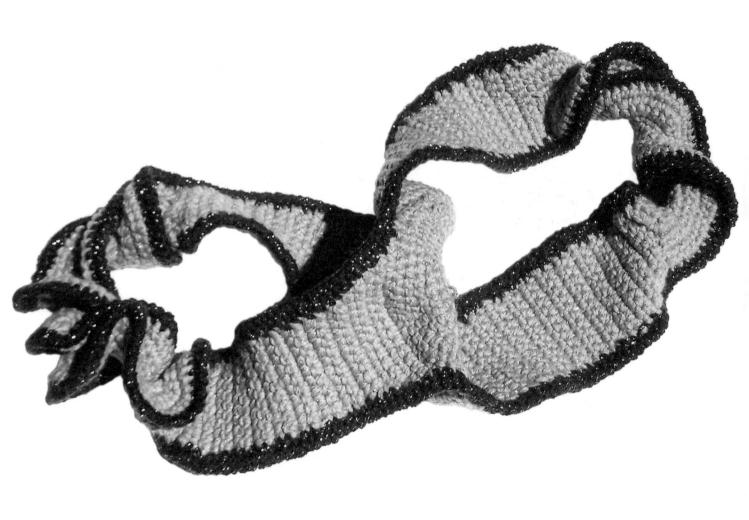

TESSUTO 011

FRANGIA 200

TESSUTO 031

FRANGIA 200

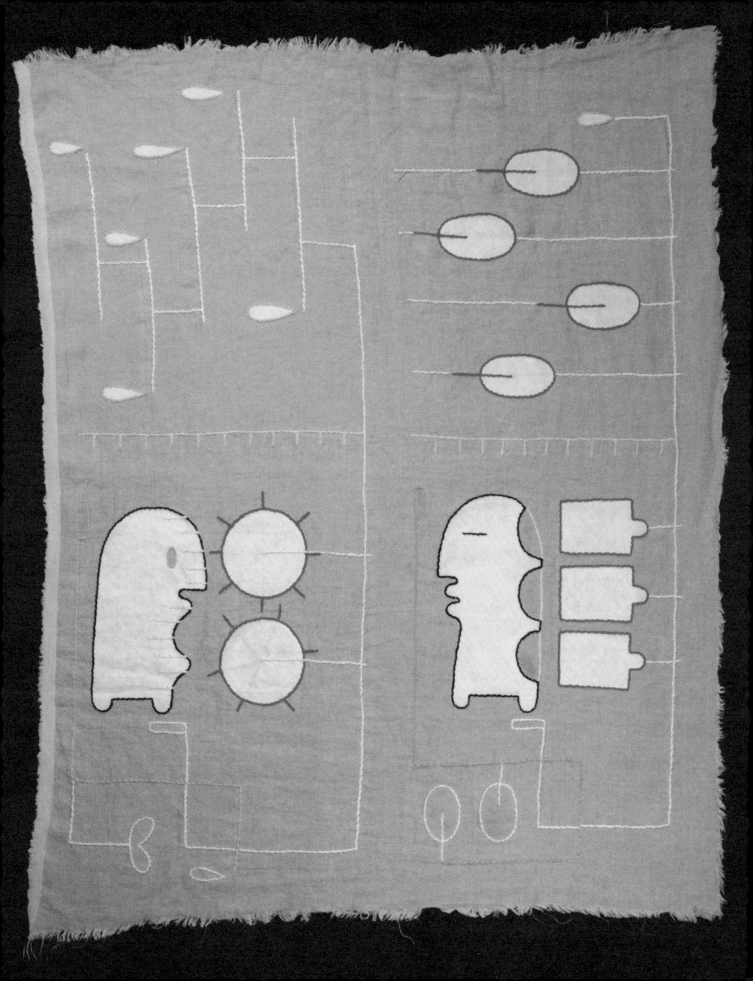

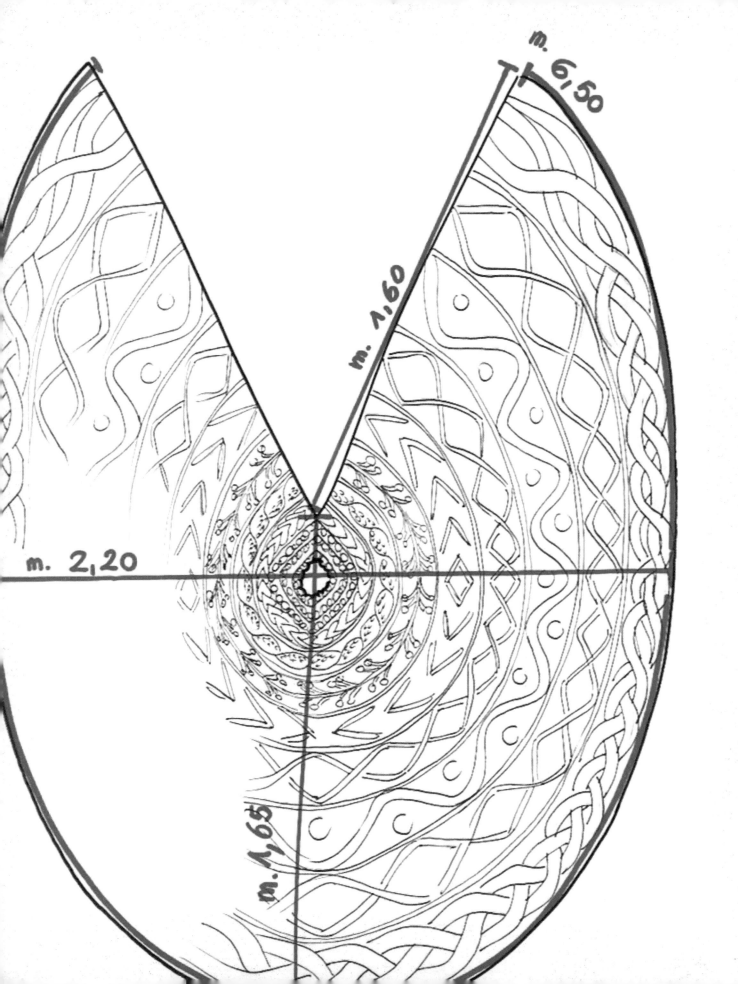

m. 6,50

m. 1,60

m. 2,20

m. 1,65

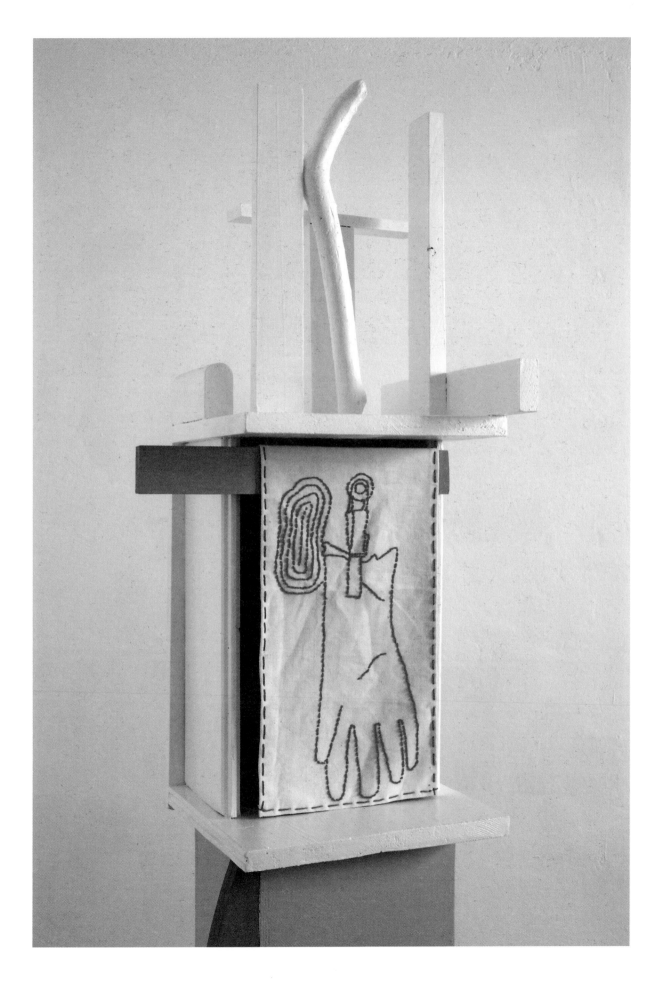

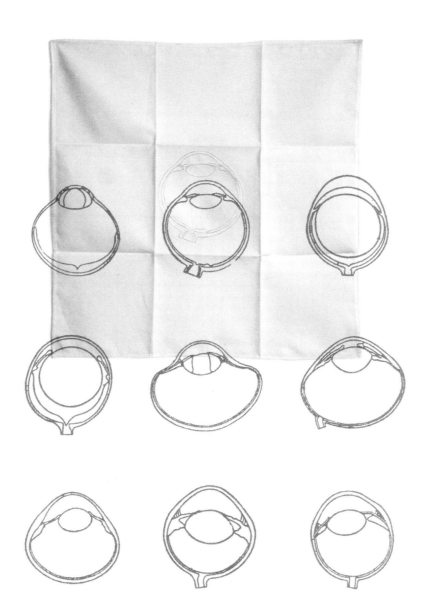

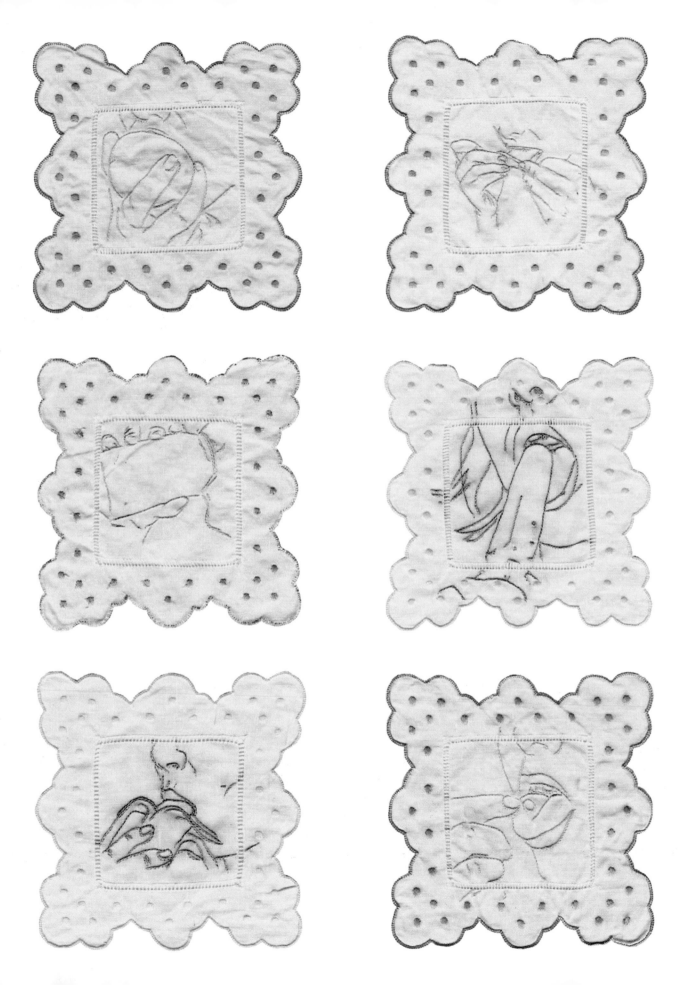

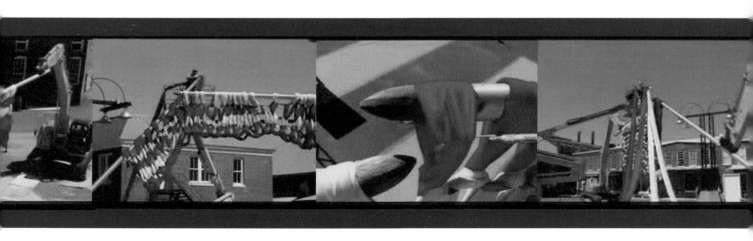

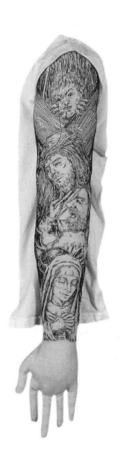
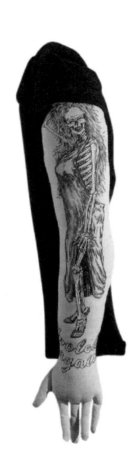

  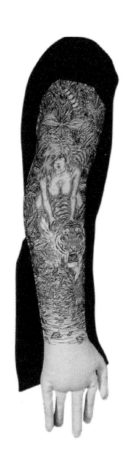 

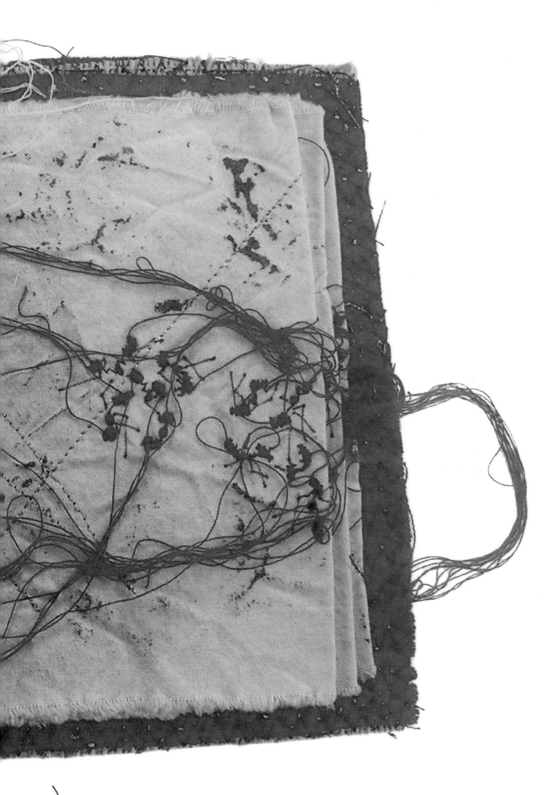

CATALOGO
CATALOGUE

pp. 24-25 *Israeli whispers*
Nelly Agassi

Installazione con appendino e abito
realizzato a maglia
*Installation with clothes hanger and
knitted garment*

6 × 5 m
Tel Aviv, 2004
Courtesy The foreign affairs office,
Jerusalem; the Israeli embassy, Roma,
Dvir Gallery e l'artista/*and the artist*

pp. 26-27 *Il Signor K*
Elisa Nicolaci

Il Signor K è una figura kafkiana
dall'aspetto multiplo. Uomo o rettile
a seconda del punto da cui viene
guardato. Il corpo cerca di poggiarsi
dove il tessuto manca. L'uomo piega la
testa come per chiedere a chi lo sta
guardando di dirgli cos'è che manca.
Quello che non riuscirà a sapere è che
il tessuto mancante è quello utilizzato
per realizzare il suo corpo
*Mr K. is a Kafkaesque figure with
multiple aspects. Observed frontally
he has a human shape, but as you move
around him you see him slowly change to
take on an almost reptilian appearance.
The body adheres to the carpet except
at one point where it should settle
into one of the hands. The man bows
his head as if to ask the viewer to
tell him what he lacks. What he cannot
discover is that the missing fabric is
that used to make his body*

figura/*figure* 84 × 112 × 125 cm
tappeto/*carpet* 172 × 261 cm
Roma, 2006

pp. 28-29 *Umareru* (nascere)
Natsumi Kuge

Installazione alla stazione Leopolda
Installation at the Stazione Leopolda

Firenze, 2007

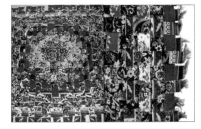

pp. 30-31 *Tappeto intrecciato a mano*
Andrea Anastasio

Tappeti ottenuti dalla tessitura
manuale di tappeti industriali stampati
in Cina e in Pakistan su materiali
sintetici. I tappeti vengono tagliati
in strisce e intrecciati a mano,
trasformando il prodotto in manufatto
unico, amplificando la complessità dei
meccanismi del mercato globalizzato,
ed evidenziando gli aspetti poetico-
linguistici del manufatto
*Carpets made by hand-weaving industrial
carpets printed in China and Pakistan
on synthetic materials. The carpets
are cut into strips and woven by hand,
transforming the product into unique
artifacts, amplifying the complexity
of the mechanisms of the globalized
market and emphasizing the poetic-
stylistic aspects of the artifacts*

poliestere, feltro, cotone/*polyester,
felt, cotton*
210 × 190 cm, 120 × 65 cm, 170 × 128 cm
2006

p. 32 *Bedside rug*
Patricia Waller

Scendiletto
Beside rug

filato sintetico, tessuto, uncinetto/
synthetic yarn, fabric, crocheted
100 × 80 × 25 cm
Berlin, 2007

p. 33 *Sheep*
Patricia Waller

filato in lana e cotone, filo di ferro,
uncinetto/*yarn in wool and cotton,
wire, crocheted*
77 × 25 × 55 cm
Berlin, 2007

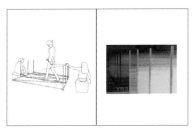

pp. 34-35 *Wind-Up: Walking the Warp*
Anne Wilson

Scultura e performance della durata di
sei giorni
6-day sculpture and performance

partecipanti al gruppo di lavoro/
participants: Sara Rabinowitz, Carla
Duarte, Annie Egleson, Surabhi Ghosh,
Jongock Kim, Rosemary Lee, Christy
Matson, Rachel Moore, Jeroen Nelemans,
Rana Siegel, Mike Slattery, Anne Wilson

DVD di/*by* Jeroen Nelemans
Rhona Hoffman Gallery, Chicago
21 gennaio/*January* - 1 marzo/*March* 2008

p. 36 *RD4 Chair*
Richard G. Liddle e/and Sarah Blood

Poltrona in plastica riciclata
intrecciata
Armchair made of woven recycled plastic

86 × 45 × 63 cm
produzione/production Cohda, UK, 2008

p. 37 *Crochet Table*
Marcel Wanders, Droog Design

Tavolino in pizzo lavorato a uncinetto
Crocheted lace table

produzione/production Moooi,
Amsterdam, 2001

pp. 38-39 *Sesto ricamo collettivo*
Claudia Losi

Pezze ricavate da vecchie lenzuola
inizialmente lavorate, ma non portate a
termine, da ricamatrici professioniste.
Sei donne anziane hanno partecipato
alla giornata di ricamo in un orto,
dopo aver risposto alla domanda "qual
è la cosa che ti fa più paura?". Tutti
i frammenti sono stati cuciti insieme
a formare un largo anello di tessuto.
Progetto reso possibile da Antonio
Marras e tutto il Circolo Marras (Maria
Luisa Mura, Farora Piredda, Maria Pais,
Farora Pinna, Margherita Sussarello,
Maria Tala)
Rags made from old sheets at first
embroidered, but not completed, by
professional embroiderers. Six elderly
women took part in the embroidery
day in a garden, after answering
the question, "What is the thing you
fear most?" All the fragments were
sewn together to form a large circle
of fabric. Project made possible by
Antonio Marras and all the Circolo
Marras (Maria Luisa Mura, Farora
Piredda, Maria Pais, Farora Pinna,
Margherita Sussarello, Maria Tala)

lenzuola ricamate, fili a piombo,
tintura per tessuti/embroidered sheets,
plumb lines, fabric dye

Sardegna/Sardinia, 2004
Courtesy Monica De Cardenas

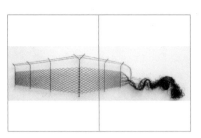

pp. 40-41 *Fence*
Elodie Antoine

pizzo al tombolo/lace-pillow

50 × 100 cm
Bruxelles, 2008

.

pp. 42-43 *Panier percé*
Guillaume Delvigne & Ionna Vautrin

Cestino in ceramica forata da ricamare
Pierced ceramic basket to be
embroidered

produzione/production Industreal

pp. 44-45 *Knitoscope*
Cat Mazza

Video realizzato con il programma
Knitpro, ideato da Cat Mazza,
per trasformare i pixel in schemi
per la maglia
Video made using the Knitpro program,
devised by Cat Mazza, to transform
the pixels into patterns for knitting

Il lavoro di Cat fa parte dell'attività
di/Cat's work is part of the activities
of microrevolt - www.microrevolt.org
New York, 2008

pp. 46-47 *The 16 Ways*
Anila Rubiku

L'installazione è ispirata al testo
erotico rinascimentale di Pietro
Aretino *I Modi* e al concetto delle
scatole cinesi di Confucio. Le scatole
contengono l'intimità delle persone,
e solo chi conosce il loro segreto
le può aprire.
Il lavoro è stato realizzato insieme
a un gruppo di religiose etiopi a Tel
Aviv, implicando un processo complesso
ma affascinante di ricamo di ritratti
in posizioni erotiche
The installation is inspired by the
Renaissance erotic text by Pietro
Aretino *I Modi* and Confucius's concept
of Chinese boxes. The boxes contain
the intimacy of people, and only those
who know their secret can open them.
The work was produced together with
a group of Ethiopian nuns in Tel Aviv,
involving a complex but fascinating
process of embroidering portraits
in erotic positions

carta ricamata e lino/embroidered paper
and linen
dimensione delle singole scatole/
dimensions of the individual boxes
18 × 18 × 18 cm
Tel Aviv, 2008
Collezione/collection Peggy Scott e/and
David Teplitzky, Hong Kong

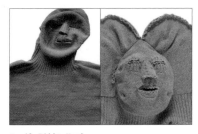

p. 48 *Billy Wool*
Freddie Robins

Scultura in maglia lavorata a macchina
con finiture all'uncinetto
Machine-knitted sculpture finished
with crocheting

60 × 60 × 12 cm
London, 2001
Collezione dell'artista/collection of
the artist

p. 49 *Skin - A Good Thing To Live In*
Freddie Robins

Scultura in maglia lavorata a macchina
con finiture all'uncinetto
Machine-knitted sculpture finished with
crocheting

210 × 190 × 12 cm
London, 2002
Collezione dell'artista/collection of
the artist

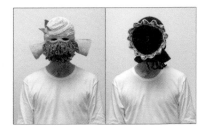

pp. 50-51 *Gli occhi sono li dove
vedono, le cose sono li dove le vedo*
Aldo Lanzini

Trentadue ritratti fotografici (70 × 50)
di maschere ispirate ai passamontagna
da "rivoluzione" e realizzate
all'uncinetto
Thirty-two photographic portraits
(70 × 50) of masks inspired
by crocheted "revolutionary" balaclavas

filati vari/various yarns
Milano, 2008/2009

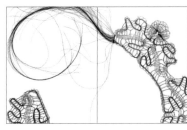

pp. 52-53 *Dodici capelli*
Geny Iorio

L'opera si ispira alla tradizione
regionale campana nella tecnica
prescelta e appresa da un'artigiana
ottantenne, nella lavorazione del pizzo
al tombolo, nel materiale usato: i
capelli del primo taglio (anno 1993)
The technique used in this work is
inspired by the regional traditions
of Campania, learned from an eighty-
year-old craftswoman, in the working
of the pillow lace and in the material
used: hair from the first cutting
(in 1993)

capelli lavorati a tombolo/hair worked
into pillow lace
Milano e/and Caserta, maggio-luglio/
May-July 2008

p. 54 *Guantone a maglia*
Roberta Meloni e/and Rosetta Corrieri
(Poltronova)

Rivestimento in maglia della poltrona *Joe*
Knitted upholstery of the *Joe* armchair
(De Pas, D'Urbino, Lomazzi per/for
Poltronova)
Agliana (Pistoia) 2008/2009

p. 55 *Ami Ami*
Tokujin Yoshioka

Sedia ispirata all'intreccio di trama
e ordito, realizzata in policarbonato
in un unico stampo
Polycarbonate chair inspired by warp and
woof, produced in single injection mold

produzione/production Kartell spa
Binasco, Milano

p. 56 *Call me, sunshine*
Arianna Moroder

Mixando tessuti dal peso e dalle
composizioni diversi si creano armonie
nuove e dinamiche inattese
Mixing fabrics with different weights
and compositions to create new
harmonies and unexpected dynamics

patchwork di tessuti a macchina/
patchwork of machine-made fabrics
28 × 22 cm
Milano-Bolzano, 2008/2009

p. 57 *Tom Dixon*
Arianna Moroder

Seduta in filo di ferro intrecciato
Seat made of interwoven wire

67 × 60 × h 41/128 cm
produzione/production Cappellini,
Mariano Comense, Como

pp. 58-59 *Group Dreaming*
Sarah Applebaum

Pezzi in maglia di recupero, e pezzi
lavorati a uncinetto, cuciti insieme
in un unico pezzo
Pieces of "found" knitting and pieces
knitted by the artist, crocheted
together

San Francisco, 2002

p. 60 *Bling Bliss*
Xenobia Bailey

Arazzo funk lavorato all'uncinetto
Crocheted funk hanging

cotone, filo acrilico/cotton
and acrylic yarn
New York
Courtesy dell'artista/the artist

p. 61 *Trance Former-Moon Lodge: A hand
crochet tent/shrine/chamber for
masqueraders/shape-shifters in urban
communities around the world*
Xenobia Bailey

Uno stimolo importante per chi vive il
travestimento e la fuga di emergenza
in città, sviluppato per il progetto
"Paradiso in costruzione nell'estetica
del funk"
An important stimulus for those
masqueraders/shape-shifters in the
city, developed for the project
"Paradise under construction in the
aesthetics of funk"

cotone a quattro capi e filato acrilico,
lavorato all'uncinetto/crocheted in
4-ply cotton and acrylic yarn

259 × 127 × 142 cm
New York, 2002
Courtesy dell'artista/the artist

pp. 62-63 *Mr. Softy*
Orly Genger

Installazione/installation, Aldrich
Contemporary Art Museum, Ridgefield, CT

corda di nylon con vernice di lattice,
video/nylon cord with latex paint, video
New York, 2005
Courtesy Larissa Goldston Gallery (video)

p. 64 *Carpet Point-De-Croix*
Charlotte Lancelot

Tappeto ricamato a punto croce
Carpet embroidered with point de croix

170 × 240 cm e/and 200 × 300 cm
produzione/production Ligne Roset-
Cinna, 2008

p. 65 *SuperElastica Chair*
Marco Zanuso e/and Roberto Raboni

Poltrona in giunco intrecciato
Armchair of woven rushes

produzione/production Vittorio Bonacina
di Mario Bonacina & C.,
Lurago d'Erba (Como)

pp. 66-67 *Boatless*
Harush Shlomo

Barca di alluminio intrecciato
Woven aluminum boat

8 × 1,20 × 1,20 m

Video dell'installazione della barca
nel bacino di Venezia, Biennale
di Venezia
Video of the installation of the boat
in the basin of Venice,
Venice Biennale, 2005
Courtesy Galleria Clio Calvi Rudy
Volpi, Milano

p. 68 *Tropicalia*
Patricia Urquiola

Poltrona realizzata con intrecci di fili
colorati in polimero termoplastico
Armchair made out of woven colored
yarns in thermoplastic polymer

produzione/production Moroso Spa,
Cavalicco (Udine), 2008

p. 69 *Filo*
Paola Navone

Tavolo in filo di ferro intrecciato
a mano
Table in wire woven by hand

diam 80 cm, h 25 cm
produzione/production Gervasoni Spa,
Pavia di Udine, 2008

pp. 70-71 *Counterfeit Crochet*
Stephanie Syjuco

Serie di borse realizzate all'uncinetto
copiando i modelli di marchi famosi
Series of crocheted handbags made
by copying models by famous brands

San Francisco, 2007/2008
Courtesy dell'artista/the artist

pp. 72-73 *Family Dress*
Do-knit-yourself

Abito-installazione composto da
24 abiti uniti insieme, formati
dall'assemblaggio di pezze in maglia
e a uncinetto, inviate dai knit cafè
italiani e dagli ascoltatori del
programma "Pinocchio - Radio Deejay".
L'assemblaggio è stato fatto da
Do-knit-yourself con gli studenti
della Nuova Accademia di Belle Arti
di Milano, knitters di Pinè, Fidenza
Village, e con Mikas Yasuda
Garment-installation consisting of 24
garments joined together, developed
from an assemblage of knitted and
crocheted rags forwarded from Italian
knit cafés and the audience of the
program "Pinocchio - Radio Deejay." The
assemblage was done by Do-knit-yourself
with students at the Nuova Accademia di
Belle Arti in Milan, knitters at Pinè,
Fidenza Village, and with Mika Yasuda

Milano, 2007/2008

pp. 74-75 *Senza titolo*
Knitta

Graffiti a maglia a Parigi e su
un autobus in Giappone
Woven graffiti in Paris and on a bus
in Japan

p. 76 *Hyperbolic Flower I*
p. 77 *Figure Eight Knot*
Daina Taimina

Lavori sperimentali realizzati
all'uncinetto per rendere tattile
e visibile lo schema matematico
del piano iperbolico, un piano
con curvatura negativa costante
(il contrario della curvatura positiva
costante che dà origine alla sfera)
Experimental works crocheted
to make tactile and visible the
mathematical scheme of the hyperbolic
plane, a plane with a constant negative
curvature (the contrary of the
constant positive curvature
which gives rise to the sphere)

filato acrilico, lana, nylon, cotone/
acrylic yarn, wool, nylon, cotton
Ithaca, New York, 2008
Collezione dell'artista/collection
of the artist

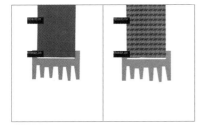

pp. 78-79 *Plug-in*
Emilio Leo

Runner da tavola in tessuto jacquard
e cartone
Table runner in jacquard fabric and
cardboard

produzione/production Lanificio Leo,
Soveria Mannelli (Catanzaro)

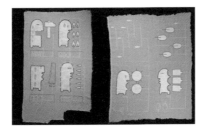

p. 80 *Quattro scene di auto tortura*
Andrea Q.

acrilico e filo di cotone su tela/
acrylic and cotton thread on cloth
85 × 58 cm
Milano, 2008/2009

p. 81 *Due scene di auto tortura*
Andrea Q.

acrilico e filo di cotone su tela/
acrylic and cotton thread on cloth
96 × 80 cm
Milano, 2008/2009

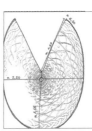

pp. 82-83 *Kappa*
Giusy e/and Giuliano Marelli

I punti della tradizione delle isole
Aran accostati per i loro significati
di buon augurio e promesse d'amore
Traditional stitches of the Aran
islands combined for their meanings of
good luck and promises of love

lana/angora - filato "Etoile", Grignasco
Knits, lavorata a nastri di maglia,
modellati con tecniche della tradizione
irlandese/wool/angora - "Etoile"
yarn, Grignasco Knits knitted into
ribbons, modeled with traditional Irish
techniques
Milano, 2005

pp. 84-85 *The Last Knit. When knitting becomes an obsession*
Laura Neuvonen

animazione/*animation*
soggetto/*subject*: Laura Neuvonen
direttore della fotografia/
director of photography: Laura Neuvonen
redazione/*editing*: Jani Kuronen
art director/TD: Olli Rajala
musica/*music*: Christer Nuutinen
sound design: Janne Jankeri
foley artist: Heikki Kossi
programmazione/*programming*: Simo
Savolainen, Lasse Lunden
direzione di produzione/*director of
production*: Antti Haikala

produzione/*production* Anima Vitae 2005/
Petteri Pasanen

p. 86 *Tricot*
Dominique Perrault e/and Gaëlle
Lauriot-Prévost

Poltrona in nastro di cuoio intrecciato
Armchair of woven leather ribbon

135 × 71 cm
produzione/*production* Poltrona Frau
S.P.A, Tolentino

p. 87 *Flocks Pouf*
Christien Meindertsma

Pouf lavorato a maglia con lana
infeltrita di pecore della
Nuova Zelanda
*Pouf knitted with felted wool from
New Zealand sheep*

27,5 × 55 × 55 cm
produzione/*production* Flocks,
Rotterdam, 2007

p. 88 *Vermelha*
Fernando e/and Humberto Campana

Poltrona rivestita con 500 metri
di corda intrecciata a mano
*Armchair upholstered with 500 meters
of hand-woven cord*

produzione/*production* Edra Spa,
Perignano (Pisa), 1993-1998

p. 89 *Hand made in Italy*
Nathalie Du Pasquier

"L'armadietto contiene dei pezzi
di legno colorati e incollati che
impediscono di metterci niente dentro,
a nascondere questo imbroglio sta
una tendina bianca sulla quale sono
ricamati in rosso un guanto di gomma
appeso ad un chiodo con una molla da
bucato e una spugnetta."
*"The cabinet contains some pieces of
wood colored and glued, which prevent
anything being put inside. This trick
is concealed by a white curtain on
which are embroidered in red a latex
glove hung from a nail with a clothes
peg and sponge."*

legno dipinto a mano, cotone ricamato
a mano/*hand-painted wood, hand-
embroidered cotton*
Milano, 2008

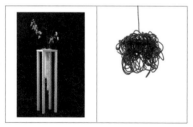

p. 90 *Tavolo "Luca & Andrea"*
Stefano Citi e/and Simone Simonelli

Filati di cotone intrecciati tricot
imbevuti nella resina + legno
*Crocheted wood and lace impregnated
with resin*

50 × 50 × 78 cm
Milano, 2008

p. 91 *Scribble Lamp*
Patrick Turner + Andrea Pearson of
Thout Design

Lampada in filo intrecciato
Lamp made of woven yarn

produzione/*production* Thout, Toronto

pp. 92-93 *Lies, lies, lies…*
Emily Hermant

Parte di una installazione multi-modale
che indaga sul tema dell'abbellimento
e l'inganno nella cultura
contemporanea, utilizzando come mezzo
la bugia. Il ricamo che abbellisce
il tessuto rappresenta la dimensione
tridimensionale del linguaggio che
abbellisce la realtà
*Part of a multi-modal installation that
explores the subject of embellishment
and deceit in contemporary culture,
using lies as its method. The
embroidery which embellishes the fabric
represents the three-dimensional
dimension of language that embellishes
reality*

bugie ricamate e video/*embroidered lies
and video*
Montreal, 2003-2008
Collezione dell'artista/*collection of
the artist*

pp. 94-95 *Stille*
Giovanni De Francesco

Sezioni del bulbo oculare di animali
e dell'uomo
*Sections of the eyeballs of animals
and man*

dieci fazzoletti in lino ricamati/
ten embroidered linen handkerchiefs
40 × 40 cm
Milano, 2007

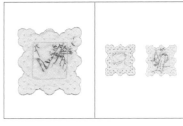

pp. 96-97 *Ten Self-Portraits of the Artist Eating, Drinking and Smoking (Dieci autoritratti dell'artista che beve, mangia e fuma)*
Jennifer Boe

dieci tovaglioli da cocktail, filo da ricamo
ten cocktail napkins, embroidery yarn

30 × 30 cm
Kansas City, 2005

pp. 98-99 *Knitting Machine*
Dave Cole

MASS MoCA, 2005, video
MASS MoCA, North Adams, Massachusetts
feltro acrilico, due ruspe John Deere, pali del telefono
acrylic felt, two John Deere excavators, telephone poles

accessori, realizzazione e supporto tecnico forniti da/ accessories, execution, and technical support provided by The Steel Yard, Providence, RI. (www.thesteelyard.org)
Knitting Machine MASS MoCA Crew: Dante Birch, Karen Neves, Dave Sharp, Howie Snieder, Clark Sopper, Joel Taplin
regia/direction: Jack Criddle
produzione/production: Larry Smallwood e/and Mass MoCA
Courtesy dell'artista e/the artist and Judi Rotenberg Gallery, Boston

p. 100 *In the round*
Brent Cornder, Dave Kral

Poltrona con struttura in acciaio e rivestimento a uncinetto o feltro
Armchair with steel structure with crocheted or felt upholstery

produzione/production Luflic, Toronto, 2008
Courtesy Luflic

p. 101 *La sciarpa infinita*
Knit Cafè "Essere"

Sciarpa lunga 100 metri, lavorata su due capi, a maglia e a uncinetto, realizzata durante gli incontri al knit cafè è ideata da Ilaria Tolossi
Scarf 100 meters long, knitted and crocheted as two pieces during gatherings at the knit café. Devised by Ilaria Tolossi

filati vari/various yarns
Firenze, 2007-2009

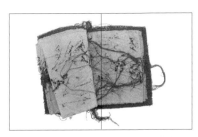

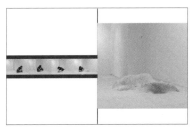

pp. 102-103 *Man of sorrows, Harem of the snowlord, Road to Calvary, Ride the Tiger, Untitled barb wire, DFI, Untitle Naked Women, Girls Girls III, Wasted, Peckerwood II, For whom the bell, Fooled again, Wait for me, My savior, Fast Machine, Killing Machine*
Benji Whalen

Ricami di tatuaggi a mano su cotone
Hand-embroidered tattoos on cotton

San Francisco, 2003-2007

pp. 104-105 *Sacre e indistruttibili*
Maria Lai

Libro ricamato
Embroidered book

Ulassai (Nuoro), 1991
Collezione privata/private collection

pp. 106-107 *Efface*
Bea Camacho

Il video documenta una performance di 11 ore, senza interruzione, durante la quale Bea si è chiusa dentro un tappeto bianco lavorato all'uncinetto. L'opera focalizza i concetti di isolamento, sicurezza, rifugio e creazione del proprio ambiente
The video documents a non-stop 11-hour performance during which Bea enclosed herself in a white crocheted carpet. The work focuses on the concepts of isolation, safety, shelter and the creation of one's own environment

Boston, 2008
Courtesy Osage Gallery

L'allestimento utilizza
due materiali industriali
"intrecciati":
- i pannelli di Celenit (un
agglomerato legno-cemento
impiegato nell'edilizia) per
creare ampi tappeti su cui
sono posizionate alcune opere
- le reti metalliche, applicate
alle finestre-display, che fanno
da filtro visivo ma anche
da supporto per esporre i lavori
sia al "dritto" sia al "rovescio".

Progetto di Dante Donegani
e Giovanni Lauda con Federica
Cevasco

The exhibition design uses two
"interwoven" industrial materials:
- panels of Celenit (a wood-cement
conglomerate used in building) to
create broad carpets on which some
works are positioned
- metal grids, applied to the
display windows, which act as
visual filters but also as supports
to present both *recto* and *verso*
of the works.

The design is by Dante Donegani
and Giovanni Lauda with Federica
Cevasco

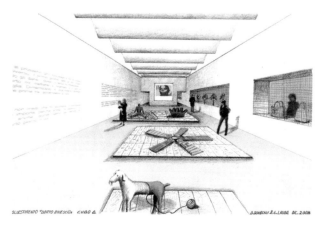

Workshop Lo spazio dedicato
ai workshop è importante quanto
l'esposizione delle opere; l'altra
faccia in questione, il dritto o
il rovescio – a seconda di come
lo si vuole vedere – della
passione per il lavoro con il filo.
Un laboratorio sempre aperto,
con appuntamenti più strutturati
– di cui diamo informazione
nelle prossime pagine, ma anche
con appuntamenti e momenti di
incontro per tutti quelli e quelle
che hanno voglia di mostrare i
propri lavori, proporre tecniche
di lavorazione particolari, o
semplicemente ritrovarsi con le
persone con cui hanno condiviso
la realizzazione di ricami, calze,
sciarpe ecc., raccontare la
propria esperienza.
Mentre componiamo il catalogo, non
possiamo documentare questo tipo
di attività, ma chi è interessato
potrà comunque seguirne le tracce
sui siti che collaborano alla
comunicazione della mostra.

Raccogliamo qui, per chi volesse
approfondire l'argomento, i siti
di riferimento e una breve
bibliografia su alcuni libri che
verranno presentati al termine
del percorso espositivo.

Workshop The space devoted to
the workshop is as important
as the exhibition of works. It
represents the other side, the
plain and the purl, of the passion
for working with yarn.
The workshop is always open,
together with more highly
structured events (information
is provided on the following
pages), but also events and
encounters for all those—men
and women—who wish to display
their own works, present special
techniques, or simply get together
with people with whom they
share the interest in producing
embroidery, stockings, scarves,
etc., and swapping experiences.
While we are working on the
catalogue, we cannot document
this type of activity, but those
who are interested will be able
to follow its traces on the sites
which have tie-ins with news about
the exhibition.

For those who wish to further
explore the topic, we give here
the sites to consult and a brief
bibliography on certain books
which will be presented at the end
of the exhibition route.

Jeans rottamati
*a cura di Andrea Costa,
Henrik den Ouden Runshaug
e Lorenza Branzi*

Vecchi jeans raccolti da
Fidenza Village vengono
restituiti a nuova vita
attraverso ricami e
applicazioni con tecniche
diverse.
Gli elaborati saranno poi
venduti per beneficenza.

Jeans rottamati
*by Andrea Costa, Henrik
den Ouden Runshaug and
Lorenza Branzi*

Old jeans collected by
Fidenza Village are given
a new lease of life
through embroideries and
applications involving
different techniques.
The garments will then
be sold for charity.

Intrecci di carta
*a cura di Kazuko Koike,
fondatrice con Ikko
Tanaka del marchio
giapponese Muji*

Seminario rivolto agli
studenti del corso di
Master in Textile Design
della Nuova Accademia
di Belle Arti di Milano,
sul tema dell'uso della
carta come filo per creare
texture e oggetti.
Nella foto: *L'arbre qui
cachait une incroyable
forêt*, Fumio Tachibana,
Takeo Paper Diary.

Intrecci di carta
*curated by Kazuko Koike,
founder with Ikko Tanaka
of the Muji brand*

Seminar for students
in the Master's course
at Milan's Nuova
Accademia di Belle Arti,
on the topic of using
paper as yarn for
creating textures and
objects.
Photo: *L'arbre qui
cachait une incroyable
forêt*, Fumio Tachibana,
Takeo Paper Diary.

Il filo del pensiero
di Francesca Rigotti

Francesca Rigotti
collega il carattere
delle strutture logiche
e filosofiche della mente
o "fili di pensiero" con
le attività del filare,
intrecciare, tessere
e lavorare ai ferri
i "fili di lana".

Il filo del pensiero
by Francesca Rigotti

Francesca Rigotti relates
the character of the
mind's logical and
philosophical structures,
or "strands of thought,"
with the activities of
spinning, interlacing,
weaving and knitting
"woolen yarns."

Lies, lies, lies
(bugie, bugie, bugie)
a cura di Emily Hermant

Laboratorio di
interazione tra internet
e ricamo sul tema delle
bugie, che trasformano e
abbelliscono la realtà
come il ricamo abbellisce
il tessuto.

Lies, lies, lies
curated by Emily Hermant

Workshop of interaction
between Internet and
embroidery on the theme
of lies, which transform
and embellish reality
much as embroidery
embellishes a fabric.

Il sogno sul cuscino
*laboratorio di ricamo a
cura di Andrea Acquani e
Giovanni De Francesco*

Ogni partecipante è
guidato a disegnare e
ricamare su una federa il
proprio sogno preferito,
per fermare sul cuscino la
traccia reale di immagini
create dal riposo.

Il sogno sul cuscino
*embroidery workshop led
by Andrea Acquani and
Giovanni De Francesco*

Each participant is
guided to design and
embroider on a pillowcase
their favorite dream,
so as to place on the
cushion the real trace of
images created by repose.

Knitta
condotto da Magda Sayeg

Interventi di tag in
maglia nella città,
secondo le modalità
di azione del *crew* di
knitter statunitensi
Knitta: pezzi di maglia
invece che scritte con le
bombolette su pali, auto,
arredo urbano.
Con la collaborazione di
Filtoppa.

Knitta
conducted by Magda Sayeg

Knitted graffiti in the
city, inspired by the
work of the American
Knitta group. They create
tags using knitting
instead of aerosol sprays
and their work turns up
on lamp posts, cars and
street furnishings.
With the collaboration
of Filtoppa.

Hyperbolic Plane
*Daina Taimina, docente
dell'Università
di Ithaca, USA*

Daina Taimina introduce
i suoi lavori
svolti nell'ambito
delle ricerche sul
piano iperbolico,
utilizzando la tecnica
dell'uncinetto, e
presenta il suo libro
*Mysteries of the
Hyperbolic Plane.*

Hyperbolic Plane
*Daina Taimina,
University of Ithaca, USA*

Taimina Daina introduces
her works conducted as
part of her research into
the hyperbolic plane,
using the technique of
crochet, and presents
her book *Mysteries of
the Hyperbolic Plane.*

**Grammatica di base dei
punti d'amore**
*workshop in cinque
laboratori a cura di
Giusy e Giuliano Marelli
con la collaborazione di
Grignasco Knits*

Corso base di maglia sui
punti delle isole Aran
seguendo le tecniche di
realizzazione originali,
con la decodificazione dei
simboli e dei messaggi
espressi da ciascun
disegno.

**Grammatica di base dei
punti d'amore**
*workshop in five sessions
curated by Giusy and
Giuliano Marelli with
the collaboration
of Grignasco Knits*

A basic course of
knitting in the stitches
of the Aran islands,
to learn the original
knitting techniques,
with the decoding of the
symbols and messages
expressed by each
pattern.

Knit Human
*a cura di Denise Bonapace
ed Eleonora Fiorani*

Realizzazione di
accessori ispirati alle
viscere del corpo umano.
Invertendo interno
ed esterno, dritto
e rovescio del corpo,
questo si veste
svelandosi, esponendosi
e superando imbarazzo
e taboo.

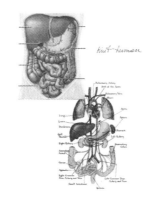

Knit Human
*curated by Denise
Bonapace and Eleonora
Fiorani*

Accessories inspired by
human entrails. Inverting
inside and outside, the
plain and purl of the
body, which is clothed
by revealing itself,
exposing itself and
overcoming embarrassment
and taboos.

Contraffazione
all'uncinetto
a cura di Veruska Sabucco

Sulla linea del
Counterfeit Crochet
che Stephanie Syjuco
presenta all'interno
della mostra, alcuni
accessori-simbolo di
grandi marchi della moda
vengono riprodotti con la
tecnica dell'uncinetto.

Contraffazione
all'uncinetto
*curated by Veruska
Sabucco*

In the wake of
Counterfeit Crochet,
which Stephanie
Syjuco presents in
the exhibition, some
emblematic accessories
of high fashion brands
are reproduced
by crocheting.

Coordinamento editoriale
Cristina Garbagna

Redazione
Valeria Perenze

Coordinamento grafico
Angelo Galiotto

Progetto grafico e copertina
Lorenza Branzi

Coordinamento tecnico
Lara Panigas

Controllo qualità
Giancarlo Berti

Traduzioni
Richard Sadleir

Foto:
Ivan Albertazzi
Andrea Anastasio
Douglas Atfield
Ilvio Gallo
Surabhi Gosh
Gabriele Marelli
Fumio Tachibana
Daniele Terzaghi
Luca Piva

Gli organizzatori sono
a disposizione degli aventi
diritto per le eventuali fonti
iconografiche non riconosciute

www.electaweb.com

Questo volume è stato stampato
per conto di Mondadori Electa S.p.A.
presso lo stabilimento Mondadori Printing S.p.A.
Verona nell'anno 2009

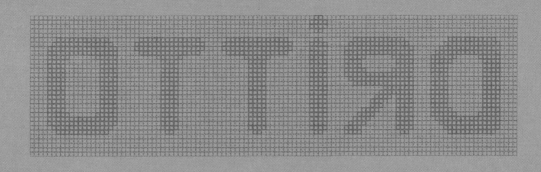

Fili intrecciati tra arte, design e creatività di massa

Electa

T
La Triennale
di Milano
Design
Museum